CW01651197

Ο ΚΥΡΙΟΣ ΧΑΡΟΥΜΕΝΟΣ

by Roger Hargreaves

χάρτινη πόλη®

Πολύ μακριά από εδώ,
στην άλλη άκρη της Γης,
υπάρχει μια χώρα εντελώς
διαφορετική από τις άλλες!
Σε αυτή τη χώρα ο ήλιος είναι
πάντα ζεστός και λαμπερός
και τα δέντρα είναι ψηλά... πολύ ψηλά!
Σχεδόν εκατό μέτρα το καθένα!
Θέλετε να μάθετε
το όνομα αυτής της χώρας;
Είναι η **Χώρα της Χαράς.**

Όπως φαντάζεστε, οι κάτοικοι
αυτής της χώρας είναι συνεχώς χαρούμενοι.
Όπου κι αν βρεθείτε
βλέπετε γύρω σας ευτυχισμένα πρόσωπα!
Ακόμα και τα λουλούδια χαμογελούν
στη **Χώρα της Χαράς!**

Και όχι μόνο...
Έχετε δει ποτέ γελαστά ζωάκια;
Αν δεν έχετε δει, λοιπόν,
χαμογελαστό ποντίκι
ή χαμογελαστή γάτα ή ακόμα
χαμογελαστό σκουληκάκι, τότε...
πρέπει να επισκεφτείτε
τη **Χώρα της Χαράς.**

Θα σας πω την ιστορία κάποιου
που ζούσε σε αυτήν εδώ τη χώρα.
Το όνομά του ήταν
κύριος Χαρούμενος!
Ο κύριος Χαρούμενος
ήταν χοντρούλης...
και στρογγυλούλης...
και πάντοτε
χαρούμενος.

Ο κύριος Χαρούμενος
έμενε σ' ένα μικρό αγροτόσπιτο,
χτισμένο δίπλα στην όχθη
μιας όμορφης λίμνης.
Τριγύρω υπήρχαν
καταπράσινα δέντρα,
ενώ στο βάθος ξεχώριζε
ένας μικρός λόφος.

Μια μέρα, καθώς περπατούσε
αμέριμνος μέσα στο δάσος,
ο κύριος Χαρούμενος
είδε μπροστά του
κάτι πολύ περίεργο!
Κοντοστάθηκε για λίγο
και αναρωτιόταν τι να κάνει...
Για έναν παράξενο λόγο
πάνω στον κορμό
ενός ψηλού δέντρου
υπήρχε μια πόρτα.

Μη φανταστείτε, βέβαια,
κάποια μεγάλη πόρτα...
Ήταν μια μικρή στενή
κίτρινη πορτούλα.
«Ποιος άραγε μένει εδώ;»
αναρωτήθηκε ο κύριος Χαρούμενος.
Γύρισε το πόμολο της μικρής
στενής κίτρινης πορτούλας
και την άνοιξε διάπλατα!

Πίσω από την πόρτα μπορούσε
να δει μια μικρή στενή
στριφογυριστή σκάλα,
που οδηγούσε στο
κάτω μέρος του δέντρου.
Ο κύριος Χαρούμενος
ζουλήχτηκε για να περάσει
τη στενή πορτούλα και,
αφού τα κατάφερε,
άρχισε να κατεβαίνει
ένα ένα τα σκαλιά.

Τα σκαλιά πήγαιναν γύρω γύρω...
και όλο και πιο κάτω...
και γύρω και κάτω...
και κάτω και γύρω...
Ώσπου, κάποια στιγμή,
ο κύριος Χαρούμενος
έφτασε στο τέλος της σκάλας.
Κοίταξε γύρω του και είδε
άλλη μια μικρή στενή πορτούλα.
Αυτήν τη φορά ήταν...
κόκκινη!

Χτύπησε σιγά σιγά την πόρτα.
«Ποιος είναι;»
ακούστηκε μια λυπημένη φωνή.
Ο κύριος Χαρούμενος
έσπρωξε αργά την πόρτα.
Απέναντί του, καθισμένος
σ' ένα σκαμνάκι, βρισκόταν κάποιος
που του έμοιαζε πολύ... μα πάρα πολύ!
Ήταν ολόιδιος, μόνο που...
δεν ήταν καθόλου χαρούμενος!
Για την ακρίβεια, έδειχνε πολύ...
λυπημένος!

«Γεια σου! Είμαι ο κύριος Χαρούμενος».
«Το δικό μου όνομα είναι κύριος Λυπημένος
και είμαι ο πιο δυστυχισμένος
άνθρωπος στον κόσμο!»
«Και γιατί είσαι τόσο δυστυχισμένος;»
«Γιατί... έτσι είμαι εγώ!»
απάντησε ο κύριος Λυπημένος.
«Θα ήθελες να είσαι χαρούμενος σαν εμένα;»
τον ρώτησε ο κύριος Χαρούμενος.
«Θα έδινα τα πάντα για να είμαι χαρούμενος»,
απάντησε εκείνος.

Ο κύριος Χαρούμενος
σκέφτηκε κάτι στα γρήγορα...
«Έλα, έλα! Ακολούθησέ με!» του είπε.
«Μα πού θα πάμε;»
τον ρώτησε ο κύριος Λυπημένος.
«Έλα και θα δεις!» είπε
ο κύριος Χαρούμενος
και βγήκε από τη μικρή
στενή κόκκινη πορτούλα.

Ο κύριος Λυπημένος δίστασε λίγο,
αλλά μετά τον ακολούθησε.
Ανέβηκαν τη στριφογυριστή σκάλα
προς τα πάνω και γύρω γύρω...
και γύρω και πάνω...
και πάνω και γύρω...
ώσπου βγήκαν έξω και άρχισαν
να διασχίζουν μαζί το δάσος.
Σε λίγη ώρα έφτασαν στο σπίτι
του κυρίου Χαρούμενου.

Ο κύριος Χαρούμενος φιλοξένησε
τον κύριο Λυπημένο για αρκετό καιρό
και μέσα σε αυτό το χρονικό διάστημα
έγινε κάτι απρόσμενο!..
Επειδή ο κύριος Λυπημένος
έμενε στη **Χώρα της Χαράς**,
άρχισε σιγά σιγά να μη δείχνει
τόσο δυστυχισμένος!
Οι γωνίες από τα χείλη του
σταμάτησαν να πηγαίνουν
προς τα κάτω...

...και σιγά σιγά,
χωρίς να το καταλάβει,
άρχισαν να ανεβαίνουν
προς τα πάνω!
Στο τέλος, ο κύριος Λυπημένος
έκανε κάτι που δεν είχε ξανακάνει
ποτέ στη ζωή του...

...χαμογέλασε!

Μετά άρχισε να γελά από μέσα του
και σε λίγο άρχισε να χαχανίζει
ώσπου στο τέλος ξέσπασε
σ' ένα δυνατό γέλιο.
Ένα τρανταχτό, ασυγκράτητο γέλιο!
Ήταν μεγάλη έκπληξη
για τον κύριο Χαρούμενο,
που άρχισε κι εκείνος
να γελά με τη σειρά του.
Και έτσι γελούσαν...
και γελούσαν...
ώσπου πόνεσε η κοιλιά τους
από τα πολλά γέλια!